PAUL LENGLÉ

LETTRES

A

UN DÉPUTÉ

PARIS

LIBRAIRIE INTERNATIONALE

A. LACROIX, VERBOECKHOVEN ET Cie, ÉDITEURS

13, *faubourg Montmartre, et* 15, *boulevard Montmartre*

Même maison à Bruxelles, à Lepzig et à Livourne

1871

LETTRES

A

UN DÉPUTÉ

LETTRES A UN DÉPUTÉ

I.

Lanqueville, le 30 mai 1871.

Vous rappelez-vous, mon cher ami, cette nuit de garde que nous avons passée ensemble à l'avancée de la porte Saint-François?

Pendant que nos camarades dormaient sur le lit de camp, nous causions. Et de quoi pouvions-nous causer alors? L'ennemi était presqu'à nos portes! Sans nous exagérer l'importance de notre rôle de soldats citoyens, nous n'envisagions pas bien hardiment les obligations imposées à notre modeste garde nationale, chargée, pour ainsi dire seule, de la défense de nos remparts. Nous songions à ces innombrables ruines dont le sol de notre patrie était jonché et qui nous faisaient entrevoir le sort réservé à notre petite ville ; nous pensions à nos femmes, à nos enfants, ces chers exilés que nous avions fait fuir à l'étranger ; et, tout décidés — tout résignés plutôt — que nous étions à faire notre devoir, nous maudissions la guerre, l'ambition de ceux qui la provoquent et la folie de ceux qui la font.

Nous causâmes ainsi jusqu'au jour avec cet abandon mélancolique que provoque l'incertitude du lendemain, et nous n'avions pas encore dormi lorsque le trompette de la batterie nous apporta le journal du matin.

Ce journal portait la date du 29 février : il annonçait la convention de Versailles, la conclusion de l'armistice et la convocation des électeurs pour l'élection d'une Assemblée nationale.

Huit jours après, le département vous choisissait pour son représentant et vous partiez en toute hâte pour Bordeaux.

Vous la rappelez-vous, mon cher ami, cette nuit passée à la porte Saint-François? Quatre mois seulement nous en séparent.

Ces quatre mois, me direz-vous, ont été pour la France plus désastreux que plusieurs siècles; ils ont vu naître, vivre et mourir tant d'idées, ils ont vu se perpétrer tant de crimes que le souvenir de nos malheurs d'hier s'est comme effacé derrière l'immensité de nos malheurs d'aujourd'hui. Des préoccupations nouvelles ont refoulé bien loin dans nos cœurs les préoccupations d'alors.

C'est vrai, trop vrai! et si j'interroge en ce moment votre mémoire et la mienne sur les sentiments qui nous animaient il y a quatre mois, c'est que j'espère obtenir d'elles une réponse à cette question si grave, que tout citoyen français doit actuellement se poser :

L'Assemblée nationale, élue le 8 février, a-t-elle mission pour constituer le gouvernement définitif du pays?

Reportez-vous, comme je l'ai fait, aux circonstances qui ont précédé les élections du 8 février, et vous reconnaîtrez que ces élections ont été dominées par deux seuls sentiments : — le besoin de paix qui s'imposait à tous et qui, malgré les difficultés créées aux électeurs par le vote au chef-lieu de canton, a fait affluer au scrutin tous les habitants de nos campagnes; — le désir de rendre la France à elle-même, en l'arrachant aux périls à travers lesquels l'avaient jetée les ambitions impuissantes qui, sous un prétexte de défense nationale, s'étaient arrogé le pouvoir.

Le premier de ces sentiments était manifeste ; il se révélait dans les actes et les discours. S'il ne s'exhalait point de toutes les bouches, — il y a toujours des prudents et des timides, — il était du moins dans tous les cœurs.

Le second était plus vague ; nous nous sentions entraînés dans l'abîme par le parti même qui s'était chargé de nous protéger et qui, toujours au nom de la patrie en danger, commençait à pratiquer le système révolutionnaire.

Ces deux sentiments se combinaient d'ailleurs parfaitement. On savait que la guerre à outrance, c'était, non-seulement l'insuccès de nos armées improvisées, mais la continuation d'une politique de désorganisation qui nous conduisait fatalement à l'anarchie.

Un secret instinct disait au pays qu'il était urgent de substituer une autorité légale à un gouvernement d'aventure qui, n'étant arrivé au pouvoir qu'au courant des idées perturbatrices, serait bientôt impuissant à les arrêter.

La convocation d'une Assemblée nationale fut accueillie comme une délivrance.

En dehors de quelques penseurs prévoyants et de quelques hommes de parti, on ne s'occupa guère alors de fixer des limites au pouvoir des futurs députés. Aucun décret de convocation ne spécifiait aux électeurs le but déterminé en vue duquel ils allaient choisir des mandataires ; ils n'hésitèrent cependant point, car ils savaient ce qu'ils voulaient : la cessation d'une lutte inégale, la fin d'une dictature qui menaçait de devenir dangereuse.

Tels sont aussi, j'en suis convaincu, les résultats que la grande majorité de la France a chargé ses représentants de rechercher.

On a voulu renverser, c'est certain ; a-t-on voulu édifier ? c'est douteux.

Je ne disconviens pas que certains groupes d'électeurs

aient pu, en choisissant leurs candidats, envisager la nécessité
d'établir une constitution.

Dans une déclaration signée Dufaure et datée du 28 janvier, les membres du comité républicain de la Bourse, « sans
« méconnaître l'influence qu'exerceraient sur l'élection les
« circonstances qui la rendaient nécessaire, pensaient qu'elle
« devait avoir lieu principalement en vue de la constitution
« définitive que la France voulait se donner. » La plus grande
partie de la presse républicaine considéra la future assemblée comme une Constituante et son jugement parut bientôt
confirmé par le gouvernement de la Défense nationale lui-
même. En effet, lorsque, le 13 février, M. Jules Favre vint dé-
poser entre les mains des représentants de la France l'autorité qu'il s'était attribuée, il les entretint de la nécessité de
reconstituer l'avenir et de la légitimité du pouvoir qu'ils
allaient constituer.

Mais ne devons-nous pas croire qu'en parlant de constitution et de constituante, les gouvernants du 4 septembre et les
hommes du parti républicain ont voulu suivre la voie tracée
déjà en 1848 ; et que, suivant les principes posés par Armand
Marast, ils n'ont entendu, par le mot constitution, que la con-
sécration des idées faites, « idées consacrées elles-mêmes par
les révolutions ? »

Il est évident que, pour les membres du gouvernement, il
n'existait aucun doute à l'égard du régime sous lequel la
France devait agir ; c'était le régime républicain ; il était sorti
informe de la révolution du 4 septembre ; il fallait désormais
l'organiser, poser ses règles, établir enfin l'*axe de la sphère où
se meut l'activité nationale*. Ce devait être l'œuvre des cons-
tituants.

C'est dans cet esprit que ce gouvernement a conçu tous ses
actes, qu'il a convoqué les électeurs le 8 septembre 1870
et le 28 janvier 1871. Je n'en veux d'autre preuve que la cir-
culaire télégraphique envoyée aux préfets le 7 février par
M. Arago. Le ministre de l'intérieur, — le ministre qui a pour

mission de régler le fonctionnement du suffrage universel, —
recommandait à ses agents de veiller rigoureusement à l'exé-
cution des lois du 10 avril 1832 et du 9 juin 1848, qui ban-
nissent à perpétuité les princes de Bourbon et d'Orléans, et à
celle d'un décret du 7 février 1871, qui frappe également de
proscription les membres de la famille Bonaparte. Pour établir une monarchie, il faut un souverain. Rappeler aux Français l'ostracisme auquel sont condamnées les seules familles
qui puissent donner des souverains à la France, n'était-ce
point en quelque sorte proclamer l'aséité de la république?

Ce n'est donc point la conduite du parti républicain qui a
pu éclairer les électeurs sur la signification qu'on voudrait
aujourd'hui donner à leurs choix. Si des comités et des jour-
naux ont interrogé leurs candidats sur la sincérité de leurs
opinions républicaines, nous ne devons pas nous en étonner.
Ils ne témoignaient nullement par là l'intention de poser la
question entre la république et la monarchie; ils voulaient
simplement, — ce qui est logique, — que la république fût
organisée par des républicains.

Est-ce dans l'attitude des autres partis que le peuple a pu
trouver l'indication de la portée politique de son vote? Je ne
le crois pas. Je reconnais que, pendant les quelques jours qui
ont précédé les élections, il a été beaucoup parlé de république par ceux qui aiment cette forme de gouvernement et
qui songeaient à la maintenir; mais je ne me rappelle pas
qu'il ait été question de monarchie de la part de ceux qui aujourd'hui voudraient rétablir la royauté. Tel est maintenant
monarchiste qui faisait alors un brin de cour à la forme républicaine. M. Veuillot voyait la république en haillons, mais il
croyait qu'elle se nettoierait; que, nettoyée, elle s'établirait et
il en faisait le vœu. Les affiches et les bulletins électoraux se
sont présentés sous des titres divers; chaque appellation était
comme l'étiquette du sac. En opposition avec les listes *républicaines*, nous avons vu la liste *libérale*, la liste *libérale conser-
vatrice*, la liste de *conciliation*, la liste de *l'Union libérale*, la

liste du *Comité national*, etc., etc. Je n'ai trouvé nulle part la liste *monarchique*, encore moins la liste *légitimiste*, *orléaniste* ou *napoléonienne*.

Je ne voudrais certainement pas jurer qu'aucun des candidats n'ait eu d'arrière-pensée monarchique.... Et cependant ! rappelez-vous les déclarations d'alors. Il n'existait plus de partis ; il n'y avait plus que le parti de la France. Malgré la « diversité des opinions politiques, » on se donnait la main « par-dessus les conflits officiels et les compétitions coupa- « bles ; on n'avait qu'un cœur et qu'une âme pour aider le « pays à se sauver. »

Que tout cela n'était-il vrai !

La patrie malheureuse, plus justement qu'aucune dynastie, ne pouvait-elle point exiger exclusivement pour elle l'union des forces et des dévouements ?

Hé bien ! ce qui a été dit alors, la nation l'a cru. Elle a choisi des représentants sans distinction de sympathies politiques, cherchant surtout des hommes honnêtes, car elle doutait de l'honnêteté de ceux qui s'étaient emparés d'elle ; cherchant surtout des hommes paisibles, car elle ne voulait plus la guerre. Elle n'a pensé, soyez-en sûr, ni à la république d'aujourd'hui, ni à la monarchie d'hier, ni à la royauté de demain. Elle s'est dit : « Reprenons possession de nous- « mêmes ; faisons la paix, si elle est possible. Nous verrons « après. »

Quelques candidats, — vous entre autres, je me le rappelle, mon cher ami, — avaient vu plus tôt et plus loin que l'opinion publique. Ils s'étaient crus appelés à donner à la France un gouvernement définitif. Mais pour un esprit aussi excellent que le vôtre, l'erreur n'a pu durer lorsque M. Thiers, dégageant, avec sa merveilleuse adresse, la volonté populaire de toutes les interprétations dont on voulait l'entourer, vint vous énumérer vos devoirs et vous expliquer votre mission.

« . . . . . Il ne peut y avoir deux politiques, vous a-t-il « dit ; il n'y en a qu'une seule, forcée, nécessaire, urgente,

« consistant à faire cesser le plus promptement possible les
« maux qui nous accablent. »

. . . .

. . . .

« Pacifier, réorganiser, relever le crédit, ranimer le travail,
« voilà la seule politique possible et même concevable en ce
« moment. A celle-là tout homme sensé, honnête, éclairé,
« quoi qu'il pense sur la monarchie ou la république, peut
« travailler utilement, dignement et, n'y eût-il travaillé qu'un
« an, six mois, il pourra rentrer dans le sein de la patrie le
« front haut, la conscience satisfaite. »

« Ah ! sans doute, lorsque nous aurons . . . relevé du sol
« où il gît le noble blessé qu'on appelle la France, quand
« nous aurons fermé ses plaies, ranimé ses forces, nous le
« rendrons à lui-même, et, rétabli alors, ayant recouvré la
« liberté de ses esprits, il verra comment il veut vivre. »

Comme toute l'Assemblée, comme tout le pays, vous avez
approuvé ces paroles. Vous êtes donc convaincu, avec le chef
du pouvoir exécutif, que « le jugement sur les destinées de
« la France doit être prononcé par la volonté nationale elle-
« même. »

II

Lanqueville, le 4 juin 1871.

Depuis bientôt vingt ans, mon cher ami, nous avons rem-
pli, l'un à côté de l'autre, nos devoirs de citoyens, et jamais
nous n'avons pensé, nous n'avons agi l'un comme l'autre.
Tandis qu'au 20 décembre 1851 je ratifiais le fait accompli,
vous protestiez contre un coup d'État que vous regardiez
comme un attentat à la souveraineté nationale. De 1851 à
1871 vous avez saisi tous les prétextes que vous ont fournis
les maladresses administratives, pour réclamer contre les
violences faites à la volonté populaire, et, dans les petites

comme dans les grandes occasions, dans les salons comme au forum, vous n'avez cessé de poursuivre de vos attaques le gouvernement impérial. Pendant ce temps, je me laissais vivre, me figurant jouir de mes droits souverains dans un État démocratique et croyant bonnement que ce qui allait bien était bien. Vous m'avez démontré depuis que tout est mauvais qui finit mal ; je n'ai eu rien à dire : vous aviez un proverbe pour vous.

Nous voici donc de nouveau en désaccord. Je ne puis trop m'en étonner, mais je trouve étrange que ce soit moi, le muet satisfait d'hier, qui vienne aujourd'hui défendre les droits primordiaux de la nation contre vous qui en paraissiez jadis le champion.

C'est cependant ce que je veux faire, car je persiste à croire, malgré les observations de votre dernière lettre, que vous ne devez pas prendre à votre compte la responsabilité de la constitution définitive du pays.

« L'Assemblée, me dites-vous, est souveraine ; son mandat n'a été limité ni sous le rapport du temps ni sous le rapport de l'objet ; elle est de droit constituante. »

Oui ! c'est bien là ce que vous me dites ; c'est bien là aussi ce que répètent ceux qui oublient, grisés par le succès et l'espérance, qu'aller *piano* c'est aller *sano*. L'Assemblée nationale est souveraine, donc elle peut tout !

D'abord, entendons-nous.

Lorsque vous dites que l'Assemblée est souveraine, voulez-vous simplement rappeler qu'elle est la plus haute expression de la volonté nationale, qui porte en soi la souveraineté ? En ce cas, vous avez raison, et personne ne peut songer à lui refuser une qualification qui lui appartient bien réellement par délégation. Voulez-vous également rappeler que les actes de l'Assemblée sont revêtus d'une autorité souveraine, et qu'ils obligent étroitement tous les citoyens ? Vous avez raison encore, car ses membres sont les représentants de la souveraineté populaire ; ils agissent *en son nom*.

Mais si vous avez voulu dire que, par son vote du 8 février, la nation s'est dépouillée de sa souveraineté en faveur de ses députés, et que sa toute-puissance est aujourd'hui entre vos mains, non par procuration, mais par suite d'un abandon absolu ; si, surtout, vous pouvez le croire, vous entretenez une erreur qui, chez un homme connu pour son libéralisme, frise tant soit peu l'hérésie.

Non, je ne puis admettre que vous vouliez porter atteinte à ce principe de la souveraineté du peuple qui, longtemps caché et stérile au fond de nos institutions, est, depuis vingt ans, le dogme reconnu de notre droit politique. Vous n'avez certainement point attendu, pour le frapper, le moment où il commence à pénétrer nos mœurs, et à atteindre des résultats que vous avez vous-même préparés.

Mais, ce qu'il m'est permis de penser, c'est que, sans oublier que vous êtes mandataire, vous vous méprenez à l'étendue du mandat qui vous a été confié.

Ce mandat n'est point limité, dites-vous ; aucune spécification ni aucun délai n'ont posé de bornes ni marqué de terme au pouvoir de l'Assemblée.

C'est parfaitement exact, et je reconnais volontiers que vous avez ce qu'on appelle en droit *un mandat général*.

Brisée, abattue par le malheur, effrayée du désordre qui l'envahissait et menaçait d'achever sa ruine, la nation vous a remis le soin de ses affaires. Elle était pressée par l'ennemi qui ravageait ses plus belles provinces ; elle était pressée par les progrès que faisait chaque jour la décomposition de ses forces sociales, dont la dissémination est aussi fatale que leur concentration est féconde. Elle vous a dit : Agissez vite, et faites le nécessaire ! Et le nécessaire, vous l'avez compris, c'était la pacification, c'était la résurrection telle quelle, mais immédiate, de l'autorité.

Au prix des plus douloureux mais des plus indispensables sacrifices, vous avez terminé la première partie de votre œuvre ; hâtez-vous maintenant d'achever l'autre en aidant le pouvoir que vous avez établi à reconstituer les éléments de la force et de la fortune de notre pays. Ceci fait, n'allez pas plus loin; vous dépasseriez votre mandat.

Oui, votre mandat est un mandat général, mais, pour me servir des expressions du Code, *il n'embrasse que des actes d'administration.*

Quand un particulier veut conférer à son mandataire un de ces droits importants qui n'appartiennent qu'au propriétaire, la loi exige de lui une déclaration expresse. Voudriez-vous que les grands intérêts d'une nation fussent entourés de moins de garanties que les intérêts d'un individu ?

. . . .

. . . .

Lorsque, en 1787, en présence des embarras de toute espèce qui compromettaient le crédit et menaçaient l'existence de la république, le congrès américain reconnut la nécessité de donner aux Etats une nouvelle constitution, il se garda bien de réclamer le pouvoir constituant. Une assemblée spéciale fut nommée, et, quand la constitution qu'elle rédigea fut soumise à l'examen des Etats, ce ne furent point les législateurs ordinaires de ces Etats qui l'adoptèrent, ce furent des députés spéciaux élus par le peuple pour ce seul objet.

Et depuis lors, cette même Amérique que vous admirez tant, ne vous enseigne-t-elle pas périodiquement qu'un peuple ne saurait user de trop de précautions toutes les fois qu'il est appelé à consentir une délégation de sa puissance souveraine? Tous les quatre ans, quand le peuple américain est convoqué pour préparer l'élection de son Président, il ne confie ce choix important ni à ses représentants ni à ses sénateurs, il charge des députés *spéciaux* de représenter sa nouvelle volonté.

Et remarquez qu'il ne s'agit ici que de la délégation d'un pouvoir essentiellement temporaire, d'un pouvoir restreint que les mœurs des États-Unis, plus encore que leurs lois, maintiennent dans des conditions de dépendance et de faiblesse qui ne sont certainement point celles que vous enviez pour le futur gouvernement du pays.

N'aimez pas moins la France que l'Amérique, mon cher ami, et, lorsqu'il sera temps d'établir un gouvernement définitif, souvenez-vous des garanties dont l'expression de la volonté populaire est entourée dans ce dernier pays; rappelez-vous les circonstances dans lesquelles vous avez été élu, et demandez-vous si vos électeurs, a qui on n'a formulé aucune déclaration expresse, vous ont bien réellement chargé de faire un choix entre la république et la monarchie; demandez-vous si, dans tous les cas, les vœux qu'ils ont exprimés il y a quatre mois représentent exactement leur volonté ; si, pressés par le temps, menacés par l'étranger, distraits par les préoccupations les plus graves, séparés les uns des autres par des obstacles insurmontables, réduits dans leur nombre par la souffrance et la captivité, ils ont pu formuler ces vœux avec la plénitude de leur liberté d'esprit; si enfin, depuis cette époque, ces vœux n'ont pu se modifier.

N'oubliez pas surtout que le peuple, comme le temps, respecte peu ce qu'on a fait sans lui.

III

Lanqueville, le 8 juin 1871.

Vous êtes convaincu, je le sens, mais vous hésitez.

Laissez-moi vous dire que les motifs que vous invoquez et que vous appelez raisons d'Etat, ne sont que des raisons de sentiment.

Le communisme, dont le spectre m'avait rendu tolérant en 1851, vous a effrayé à votre tour, vous tremblez devant ce fléau des peuples qui vient d'attester son existence par le feu et le sang. Moi, qui ai tremblé devant son ombre, je ne vous blâme pas.

Vous pensez que, chez une nation démocratique aussi cruellement divisée, aussi profondément troublée que la nôtre, il faut un pouvoir fort qui mette la liberté de tous à l'abri du hideux despotisme de quelques-uns. Autant que vous, plus que vous peut-être, j'attends impatiemment l'institution de ce pouvoir indispensable, mais, si nous sommes d'accord sur la nécessité de l'établir, nous différons absolument d'opinion sur les formes à suivre pour le constituer.

Vous pensez, vous, qu'il faut mettre à profit le scrutin de février qui a été favorable à la cause de l'ordre; qu'au milieu des idées de toute sorte et de toute valeur qui ont envahi nos esprits impressionnables, les électeurs, lors d'élections nouvelles, pourraient se troubler, se dévoyer, et finalement se perdre et perdre avec eux le pays; vous admettez enfin qu'il est des moments d'effervescence et de grand péril où il est toujours méritoire de sauver un peuple malgré lui.

Je crois, moi, qu'un nouvel appel au peuple, au lieu d'être dangereux, sera salutaire; que, loin de l'influence des partis et du voisinage des partisans, les électeurs sauront dégager des nombreuses idées en circulation celles qui sont avantageuses à leurs intérêts; je crois enfin que la volonté du peuple est la première des puissances humaines, et qu'il n'y a ni effervescence assez intense ni péril assez grand pour autoriser une assemblée ou un homme à créer un pouvoir sans sa souveraine participation.

Je ne vous ferai certes pas l'injure de penser, mon cher ami, qu'en face des malheurs de la France, vous puissiez vous souvenir de vos préférences personnelles, et confondre l'intérêt de la France avec celui de telle ou telle dynastie. J'ai la conviction qu'en cherchant une solution simple et rapide à la question constitutionnelle, vous n'avez d'autre préoccupation que la régénération de la patrie. Aussi est-ce au nom de cette chère patrie que je vous prie de méditer mes dernières réflexions.

Vous voulez un gouvernement fort, vous voulez un gouvernement stable, car vous vous apercevez qu'il èst grand temps de fermer l'ère des révolutions et des coups d'État qui aura bientôt duré son siècle. Vous avez la sainte ambition d'épargner à votre vieillesse, à vos enfants, à votre pays les désastres et les douleurs sous le poids desquels nous plions aujourd'hui. Vous faites bien, et, s'il se peut que la stabilité soit dans la nature des institutions humaines, s'il existe au monde un pouvoir capable d'arrêter la marche corrodante des idées malsaines et les agissements des ambitions inassouvies, ne vous lassez pas de rechercher ces institutions et ce pouvoir pour les fonder à jamais.

Mais gardez-vous de nous tromper en vous trompant.

Ne vous laissez point entraîner à constituer en toute hâte un de ces gouvernements mal équilibrés qui, n'ayant qu'une base incertaine, n'ont qu'une solidité d'un moment, et entraînent bientôt dans leur ruine les imprudents qui les ont élevés.

Nous en avons trop vu de ces gouvernements, et nous connaissons les secousses que provoquent leurs chutes : nous n'en voulons plus.

Le gouvernement de la Restauration a été fondé sans la participation de la volonté populaire et sous la pression de la volonté de l'étranger ; il était deux fois *vicié dans son origine,* et, après quinze ans d'existence, il est tombé.

Le gouvernement de Juillet a été fondé sans la participation de la volonté populaire ; il fut le produit d'une émeute et d'un coup d'Etat parlementaire ; il était *vicié dans son origine*, et, après dix-huit ans de luttes, il est tombé.

La République de 1848 et l'Empire qui lui a succédé eurent aussi *leur vice d'origine.*

Le 24 février, la révolution avait rendu nécessaire la constitution d'un gouvernement provisoire, mais qui, selon la promesse de Lamartine, « ne devait rien préjuger, ni des « droits, ni des ressentiments, ni des sympathies, ni des co- « lères, ni enfin du gouvernement définitif du pays. » Le lendemain, ce pouvoir provisoire parlait au nom de la République, et, le 16 mars, en s'adressant au peuple prêt à se prononcer, il ne lui laissait plus que le soin d'organiser cette forme de gouvernement.

Le pouvoir personnel de Louis-Napoléon était né d'un coup d'Etat. La souveraineté populaire avait légitimé l'acte irrégulier de sa naissance, mais les partis ont relevé le défaut originel et s'en sont servis, comme d'une arme favorite, pour saper l'édifice de l'Empire.

La République et l'Empire sont tombés.

Puisque vous ambitionnez pour notre pays un gouvernement stable et des institutions solides, évitez le *vice d'origine*, et rappelez-vous que pour construire solidement il faut une base.

Or, la base du pouvoir, aujourd'hui, ce n'est plus la fiction du droit divin, c'est la souveraineté du peuple.

Or, la volonté populaire ne s'est encore prononcée ni sur la république ni sur la monarchie.

Dans les choix qu'elle a faits aux élections de février, vous avez cru reconnaître les aspirations monarchiques de la nation ! Moi aussi, je crois la France monarchique, mais il ne me suffit pas d'une présomption pour l'affirmer, il me faut une déclaration expresse, qu'elle émane directement du peuple ou des représentants qu'il aura choisis pour ce seul objet.

Jusqu'au jour où vous jugerez utile de provoquer cette déclaration, faites nos affaires et faites-les pour le mieux. Réparez les fautes du passé ; pourvoyez aux nécessités et assurez la tranquillité du présent ; préparez l'avenir, mais ne l'engagez pas.

IV

Lanqueville, le 11 juin 1871.

Le ciel en soit loué, me voilà hors de crise!

Permettez-moi, mon cher ami, de résumer par ce vers de Regnard les enseignements de votre lettre d'hier.

Oui, grâce à l'habileté du pilote que vous nous avez choisi, vous avez traversé les premiers écueils de la mer où vous naviguez. Vous vous en réjouissez, soit; mais n'oubliez point que vous n'êtes pas encore au port.

Vous ne pourrez point toujours éviter la question constitutionnelle; elle se présentera de nouveau tôt ou tard.

Vaut-il mieux tôt? vaut-il mieux tard?

Si les partis sont assez raisonnables, assez patriotes, assez français, en un mot, pour laisser au pouvoir provisoire la liberté d'action qui lui est indispensable, je crois qu'il serait sage d'abandonner à ce pouvoir impersonnel le soin d'achever l'œuvre de la réparation. Certes, abstraction faite du talent des hommes qui le composent, un pouvoir exécutif, confié par le pouvoir législatif à quelques-uns de ses membres, est un gouvernement bien imparfait; il constitue en quelque sorte le despotisme de la majorité, et Montesquieu nous apprend que, là où ce gouvernement existe, il n'y a plus de liberté. Mais il appartient à la sagesse de l'assemblée de rendre cette situation innocente et féconde, en écartant les questions de parti pour ne s'occuper que du soulagement de nos douleurs.

Si, au contraire, le pouvoir exécutif doit être miné par ce que j'appellerai la fièvre intermittente des partis; s'il est obligé de consacrer à la conciliation d'intérêts secondaires et à l'apaisement des passions le temps et l'habileté dont il a tant besoin pour l'accomplissement de sa mission patriotique;

si ce pouvoir, assujetti à des précautions, soumis à des compromissions, astreint à des expansions et à des réticences, ne peut faire son œuvre librement, franchement, sans préoccupations mesquines; oh ! alors, quelques dangers que puisse offrir un brusque dénouement de la crise constitutionnelle, ne craignez pas de l'aborder.

Pour tirer la France des embarras où elle est engravée, il faut un gouvernement qui inspire la confiance et le respect. Le pouvoir exécutif, que vous avez provisoirement établi, peut être le plus fort des gouvernements, puisqu'il émane de vous qui émanez de la nation, mais il est nécessaire que par votre union vous lui conserviez la force qu'il ne tient que de vous.

En un mot, la France ne peut pas tolérer que les partis qui la divisent entravent la marche de ses affaires, son rétablissement, son salut ; il faut que ces partis désarment, soit volontairement, soit spontanément, *proprio motu*, en se faisant oublier pour un temps, soit involontairement, forcément, *invite*, par le triomphe définitif de l'un d'eux.

La première hypothèse vous permet de maintenir utilement le pouvoir provisoire actuel ; la seconde vous force à recourir au pouvoir constituant.

Il serait certainement bien naturel qu'après avoir essayé en vain leurs systèmes politiques, les partis missent bas leurs armes et leurs prétentions, et que, vaincus à tour de rôle, désabusés par ces défaites successives, mortifiés par le souvenir des blessures qu'ils ont, les uns après les autres, faites au sein de la patrie, ils se réfugiassent dans le silence et dans un mutuel pardon. Mais nous sommes des hommes, et nous vivons parmi des hommes. Ne soyons point trop exigeants, et défions-nous des baisers Lamourette. Admettons que les partis existent encore, que leurs défaites n'aient fait qu'exciter leur ambition, qu'ils s'attribuent réciproquement les maux de leur pays, et qu'ils aient la prétention de guérir le malade par une nouvelle application de leurs doctrines. Admettons tout cela ! Mais ce que nous ne pouvons point admettre, c'est qu'ils n'acceptent pas loyalement la trêve que les souffrances de la nation imposent à leur impatience.

Espérons donc que nous aurons la force et l'esprit de nous dominer pour faciliter sa tâche au pouvoir exécutif et hâter, par le calme et l'oubli de nous-mêmes, la prompte convalescence de la France épuisée ; espérons aussi qu'il sera permis à tout homme de cœur de venir en aide à sa patrie en détresse, sans que les services qu'il pourra lui rendre soient enviés, comme des triomphes personnels, par les partis auxquels il n'appartient pas.

Oui, espérons !... mais ne nous livrons pas tout entiers à l'espérance. Ce qui se passe en ce moment ne nous en accorde point le droit.

Ne voyons-nous point déjà les partis se préparer à la lutte sur le terrain des élections complémentaires ?

Ces élections n'ont qu'un but : combler les vides qui se sont produits dans les rangs de l'Assemblée nationale.

Il y a cependant dans certains esprits une tendance marquée à tirer du scrutin du 2 juillet un enseignement et des conséquences inattendues. Sous prétexte que les élections qui vont avoir lieu doivent mettre en mouvement plus de la moitié des électeurs français, on voudrait leur attribuer la portée d'élections générales et spéciales, et trouver dans leurs résultats la volonté constitutionnelle du pays.

C'est inadmissible.

Aujourd'hui, non plus qu'en février dernier, la question constitutionnelle n'a été posée à la nation. Les cent onze députés qui doivent être élus ne peuvent d'ailleurs avoir d'autre mission que de continuer le mandat de ceux qu'ils remplacent ; ils ne peuvent avoir un mandat plus étendu que les six cent quarante-six députés auxquels ils vont s'adjoindre pour compléter la représentation du pays.

Je ne veux certainement pas, mon cher ami, nier l'importance du scrutin qui va s'ouvrir. Toute élection a sa gravité, et, plus que jamais, il est nécessaire de confier le soin de nos affaires à des hommes d'ordre, d'intelligence élevée et de grande énergie. Mais je ne voudrais pas qu'on détournât, à des fins personnelles, la signification que doit avoir le scrutin.

Je pense donc que les électeurs, s'ils ont à examiner la moralité, la capacité et le caractère des candidats en présence, n'ont point à s'occuper de leurs principes républicains ou monarchiques, parce que ces candidats, devenus députés, n'auront point mission pour les pratiquer.

Car, de deux choses l'une, ou le pouvoir provisoire actuel achèvera le travail réparateur qu'il a entrepris, et l'Assemblée nationale l'y aidera par son contrôle et son union, par ses lumières et son patriotisme; ou les circonstances exigeront la constitution d'un gouvernement définitif, et l'Assemblée devra se dissoudre pour en appeler au pouvoir constituant.

Et pourtant, je le répète, les partis se préparent à entrer dans l'arène électorale.

Si ces partis n'ont en ce moment d'autre ambition que d'arracher la France aux maux qui la consument, ils font bien; mais alors il faut qu'ils se supportent mutuellement et s'unissent sincèrement dans cette pensée toute nationale.

Mais qu'ils n'imitent pas l'orgueil de ces médecins qui laissent mourir leurs malades en compagnie de leur ignorance, plutôt que d'appeler la science des autres à leur secours.

Qu'on ne dise pas surtout que cette union des partis est impraticable : elle s'est faite dans d'autres temps, dans des occasions moins solennelles, et à des fins moins honorables, alors qu'il ne s'agissait que de renverser celui d'entre eux qui tenait le pouvoir.

Les partis voudront-ils faire, dans l'intérêt général du pays, ce qu'ils ont fait déjà dans l'intérêt particulier de leurs systèmes? Je n'en sais rien.

Ce que je sais, c'est que, quoi qu'ils décident, la crise constitutionnelle reparaîtra un jour entourée de plus ou moins de périls. Qu'elle vienne tôt ou qu'elle vienne tard, prématurément ou à son heure, elle viendra.

Ce jour-là, vous devrez de nouveau interroger votre conscience, et je connais assez sa droiture pour savoir ce qu'elle vous répondra.

Elle vous dira qu'une nation, qui entend se lier à une forme gouvernementale, doit énoncer expressément et librement sa volonté.

Elle vous rappellera que, le 8 février dernier, aucune question spéciale n'a été posée à la France; que du reste, séparée de sa capitale et brisée en deux tronçons dont l'un était sous les pieds de l'ennemi et l'autre aux mains d'un dictateur, la France n'eût point été en état de répondre; que par conséquent, au milieu de la confusion des pouvoirs et des idées à laquelle elle était livrée, elle n'a pu exprimer sa volonté ni librement, ni explicitement, ni même implicitement.

Elle vous fera comprendre enfin combien serait coupable celui qui repousserait l'occasion suprème, que la Providence présente à la France, de constituer un gouvernement ayant une origine rationnelle et ne portant pas en soi le germe congénial de ses fautes et de ses malheurs.

Imprimé par Ch. Noblet, rue Soufflot, 18.

www.ingramcontent.com/pod-product-compliance
Lightning Source LLC
Chambersburg PA
CBHW061227090726
47597CB00015B/3597

* 9 7 8 2 0 1 3 0 5 0 7 8 4 *